Der Signalgast

Anweisung zum Signalisieren auf See nach dem nationalen Verfahren

Der Signalgast

Anweisung zum Signalisieren auf See nach dem nationalen Verfahren

ISBN/EAN: 9783954272853
Erscheinungsjahr: 2013
Erscheinungsort: Bremen, Deutschland

© maritimepress in Europäischer Hochschulverlag GmbH & Co. KG, Fahrenheitstr. 1, 28359 Bremen. Alle Rechte beim Verlag und bei den jeweiligen Lizenzgebern.
www.maritimepress.de | office@maritimepress.de

Bei diesem Titel handelt es sich um den Nachdruck eines historischen, lange vergriffenen Buches. Da elektronische Druckvorlagen für diese Titel nicht existieren, musste auf alte Vorlagen zurückgegriffen werden. Hieraus zwangsläufig resultierende Qualitätsverluste bitten wir zu entschuldigen.

Der Signalgast

Anweisung zum Signalisieren auf See

nach dem nationalen Verfahren

Fünfte Auflage

Verlag von E. S. Mittler & Sohn
Berlin 1935

Einleitung.

Das Buch „Der Signalgast" soll als Lehrbuch für den Unterricht im Signalwesen dienen. Es enthält kurze Anweisungen für die Ausbildung im Flaggensignalisieren sowie im Wink- und Morsesignalverkehr. Weiterhin ist eine Signaltafel für die Übung des Signalverkehrs in kleinen Bootsverbänden beigefügt.

Inhaltsverzeichnis.

		Seite
1.	Das optische Signalwesen	6
2.	Das Flaggensignalisieren	7
	Allgemeines	7
	Ausbildung	8
	Übersicht über die nationalen Flaggen und Wimpel	11
3.	Das Winken	14
	Ausbildung	16
	Winkspruchverkehr	17
	Hilfszeichen	18
4.	Das Morsen	19
	Merkworte für Morsebuchstaben	20
	Ablesebaum	21
	Allgemeines	22
	Ausbildung	22
	Der Morsespruchverkehr	23
	Hilfszeichen	24
	Beispiel für einen Morsespruch	25
5.	Anleitung für die Weiterbildung im Winken und Morsen	26
	Ziel	26
	Übungsmethode	26
6.	Bestimmungen für Signalprüfungen	28
	I. Winken	29
	II. Morsen	30
7.	Signalverfahren für das Signalisieren im Verband	32
8.	Formationstafel	33
9.	Fahrt- und Kurssignale	34
10.	Formations-, Wendungs- und Schwenkungssignale	35
11.	Manöversignale und Abzeichen	36
12.	Signale für Kurs- und Fahrtänderungen bei Fahrten im Verband	37
13.	Signalbefehle mit den Flaggen am Stock	38
14.	Signalgebung bei Nacht	38
15.	Befehlsübermittlung	39
16.	Adressen, Morsenamen	40
17.	Kladdenführung	41
18.	Übersicht über die Flaggen und Wimpel des Internationalen Signalbuches 1931	42

1. Das optische Signalwesen.

Einführung: Die schnelle und sichere Übermittlung von Nachrichten und Anweisungen ist die Grundlage für jede Zusammenarbeit mehrerer Stellen oder Fahrzeuge.

Dies gilt besonders für den optischen Signalverkehr bei der Führung eines Verbandes von Booten auf dem Wasser und Fahrzeugen in See.

Oberster Grundsatz für den Signalverkehr ist:

> Zuverlässigkeit und Genauigkeit
> geht vor Schnelligkeit.

Man unterscheidet folgende optische Signalmittel:

Flaggen, Winkflaggen, Scheinwerfer, Sterne, Topplaternen und Handmorselampen; in beschränktem Umfange außerdem Wende- und Fahrtänderungsflaggen, Wende- und Fahrtänderungslaternen und Fernsignalkörper.

Als Grundlage aller praktischen Übungen ist besonders darauf zu achten, daß vor Erlernung des Winkens und Morsens das Buchstabier-Alphabet genau beherrscht wird. Die Buchstaben und Flaggen sind nie mit A, B usw., sondern ausschließlich mit ihren Bezeichnungen Anton, Bruno usw. zu benennen. Beim Ablesen von Worten und Sätzen ist dagegen nicht zu buchstabieren, sondern laut und silbenweise in der Schnelligkeit des Gebers mitzulesen. Wird beim Ablesen des Gegebenen nicht verstanden, hat der Ableser sofort „Nicht verstanden" zu zeigen; jedes Zögern bis zum Ende des nicht verstandenen Wortes oder Signalspruches ist ein Fehler.

2. Das Flaggensignalisieren.

Allgemeines.

Wir unterscheiden 29 Flaggen für die Buchstaben des Alphabets, zwei Flaggen mit der Bezeichnung Rot und Grün und zehn Wimpel für die Zahlen 0 bis 9, sowie das Gegensignal (siehe Flaggentafel).

Für den Fall, daß ein Stell internationaler Flaggen bereits vorhanden ist, gilt folgendes:

Von den 26 Flaggen des neuen Internationalen Signalbuchs 1931 können 18 Flaggen mit anderer Bedeutung für das nationale Signalisieren verwendet werden.

Es kommen in Fortfall:

Die internationalen Flaggen: C, D, E, G, J, L, N und Z.

Es entsprechen:
bie internationalen
 Flaggen: A B F H J K M O P Q R S T U V W X Y
 ben nationalen | | | | | | | | | | | | | | | | | |
 Signalflaggen: Ä Z B O L U P Ö R G W S H Ü A I K J.

Anders sind:

Die nationalen Signalflaggen: C, D, E, F, M, N, K, T, V, X, Y, Rot, Grün,

und die Zahlenwimpel: 0 bis 9.

Ausbildung.

Die Ausbildung im Flaggensignalisieren umfaßt die Kenntnis der Flaggen und ihrer Bedeutung sowie die Übung des praktischen Signalbetriebes.

Die theoretische Ausbildung beginnt mit der Erlernung der einzelnen Buchstaben und Zahlen nach ihrem Aussehen und ihrer Bedeutung. Sie erstreckt sich fernerhin auf die Kenntnis der einzelnen Formationen, Fahrtstufen und Manöver als Grundlage für die Manöversignale.

Die praktische Ausbildung befaßt sich mit dem schnellen Bedienen der Flaggenleinen beim An- und Abstecken, Heißen und Niederholen der Flaggen, dem gewandten Ablesen der Signale auch auf größeren Entfernungen und Schnelligkeit im Aufschlagen der Signale im Signalbuch.

Bei vorgeschrittener Ausbildung wird zwischen zwei oder mehr Signalstellen signalisiert. Das von der einen Stelle geheißte Signal wird von der Gegenstelle abgelesen, ausgerufen und mit denselben Flaggen wiederholt. Dabei wird das Gegensignal bedient.

Das Gegensignal:

Gegensignal „halb" bedeutet: Das Signal ist gesehen aber noch nicht verstanden.

Gegensignal „vor" bedeutet: Das Signal ist verstanden.

Mit dem Niedergehen des Flaggensignals wird das Gegensignal „ein" genommen.

Im einzelnen geht das Signalisieren folgendermaßen vor sich:

Beim Signalgeber:

Der zu übermittelnde Spruch wird aufgeschrieben und in Signalbuchgruppen umgesetzt. Die Buchstaben der Signalgruppe werden laut ausgerufen. Die Leinenposten holen die Flaggen, stecken sie in der befohlenen Reihenfolge an und melden „Signal klar". Auf das Kommando „Heiß auf!" wird das Signal geheißt. Nach Vorholen des Gegensignals beim Empfänger (beim Fehlen des Gegensignals nach richtiger Wiederholung des Signals) werden die Flaggen auf das Kommando „nieder!" niedergeholt, danach abgesteckt und an ihren Platz gehängt.

Beim Signalempfänger:

Sofort nach Sichten eines Signals wird auf Kommando das „Gegensignal halb" genommen. Das Signal wird nach dem Erkennen laut ausgerufen, aufgeschrieben und im Signalbuch aufgeschlagen. Das Ausrufen der Signale darf dabei erst erfolgen, wenn sie mit Sicherheit erkannt sind. Ein voreilig geheißtes falsches Signal hat eine erhebliche Verzögerung zur Folge. Nach Verstehen der Gruppe wird „Gegensignal vor!" befohlen. Gleichzeitig wird das Signal mit den gleichen Flaggen in derselben Weise wie beim Signalgeber zur Wiederholung auf Kommando vorgeheißt und niedergeholt.

Beim Fahren im Verband darf auf dem dem Signalgeber näher stehenden Boot das Gegensignal erst „vor"genommen werden, wenn der weiter entfernt stehende Neben- bzw. Hintermann das Signal richtig wiederholt bzw. das Gegensignal vorgenommen hat.

Hilfsmittel:

Für Signalgeber und -empfänger je eine, noch besser je zwei Stell Flaggen, je ein Flaggenmast mit Rahen (im Notfall sind zu Übungszwecken Blöcke mit Flaggleinen in Turnhallen oder im Freien an hohen Ästen usw. zu befestigen), je ein Flaggenstell mit Haken (Aufhängen der Flaggen), darüber Anzeichnung der Buchstaben. Jede Leine wird von zwei Mann, das Gegensignal von einem Mann bedient. Steht nur ein Stell Signalflaggen zur Verfügung, wird auf der Gegenseite das Gegensignal allein bedient. Die Flaggen werden mit Patentschäkel oder mit Schot- und Schlippsteg angesteckt.

Das Signalbuch:

Zur Übermittlung von Sprüchen ist ein Signalbuch notwendig, mit dem die Wort- oder Satzbedeutungen in Buchstabengruppen umgewandelt werden oder umgekehrt.

Als Signalbuch eignet sich gut: „Das kleine Signalbuch" von H. F. Wark, Verlag, Segler-Vereinigung Niederelbe e. V., Hamburg (Preis 3,00 RM), oder „Das Internationale Signalbuch 1931", Verlagsbuchhandlung Walter de Gruyter & Co., Berlin W 35, Genthiner Str. 38 (Preis 40,00 RM).

Beim Fehlen von Signalbüchern sind die Signale der Abschnitte 12 und 13 und frei zusammengestellte zwei- und dreistellige Signalgruppen zu benutzen.

Die Flaggen des Internationalen Signalbuches:

Bei der Handelsschiffahrt werden diese bei Signalen nach dem „Internationalen Signalbuch 1931" benutzt. Sie sind in der Tafel Seite 42/43 aufgeführt. Sie sind nicht zu lernen.

Übersicht über die nationalen Flaggen und Wimpel.

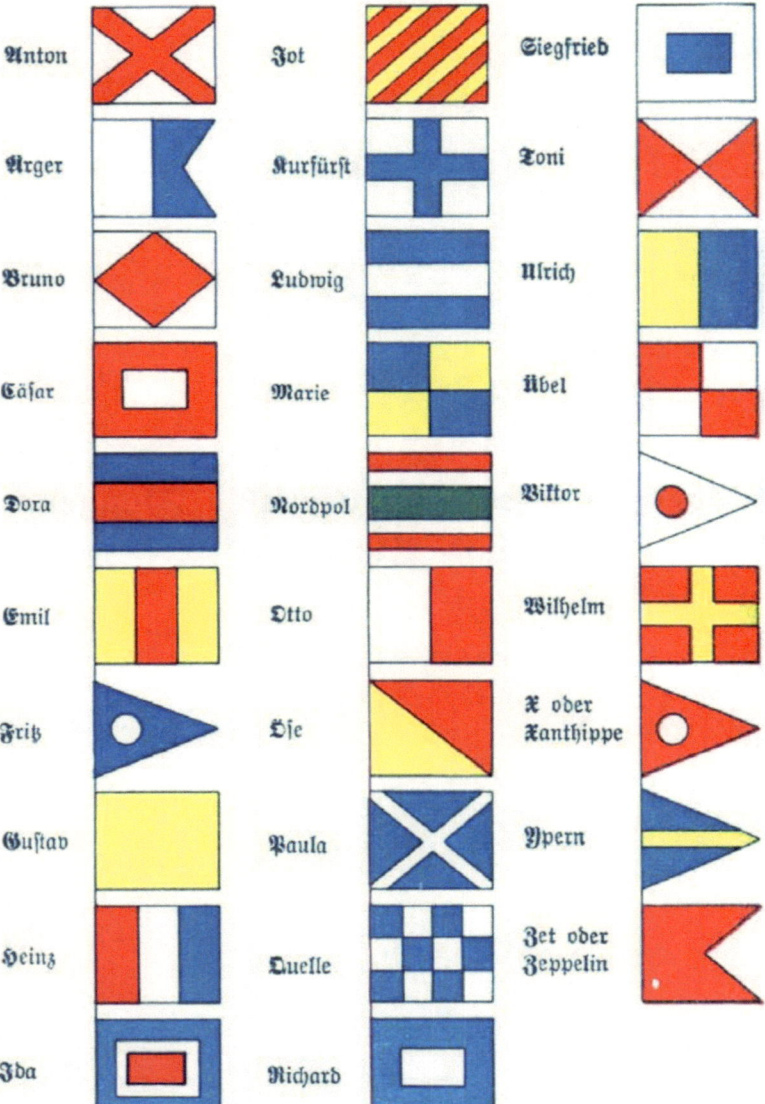

12

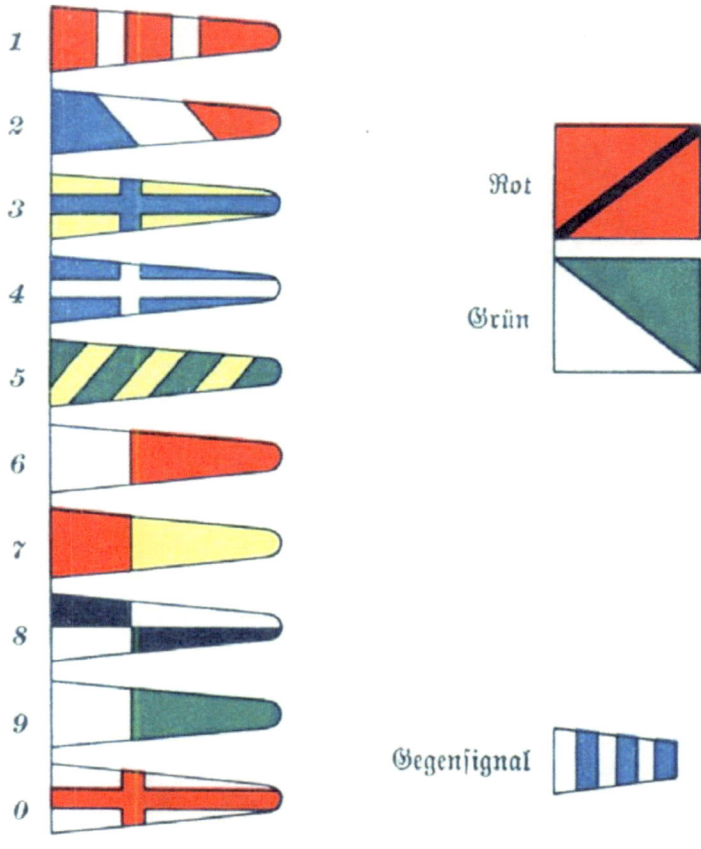

Anmerkung: Die Flaggen „Rot" und „Grün" sind auch am Stock als „Wendeflaggen" gebräuchlich.
Die Flagge „Gustav" am Stock ist die „Gelbe Fahrtänderungsflagge" (siehe Signale für Kurs- und Fahrtänderung).

3. Das Winken.

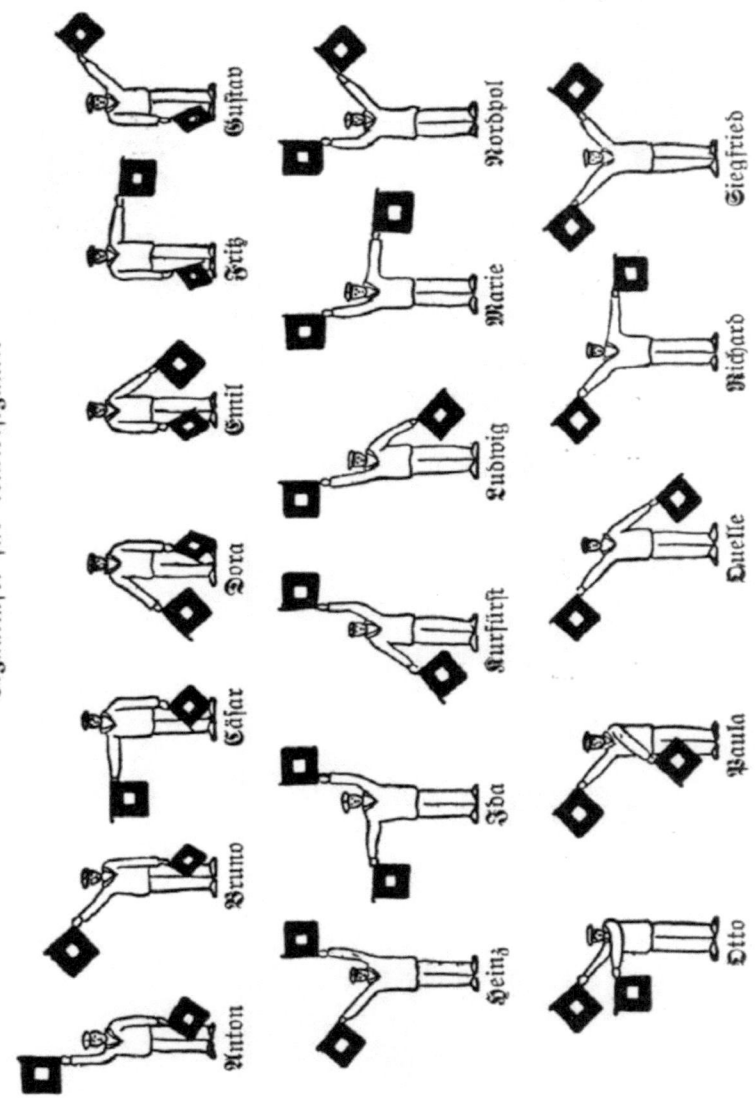

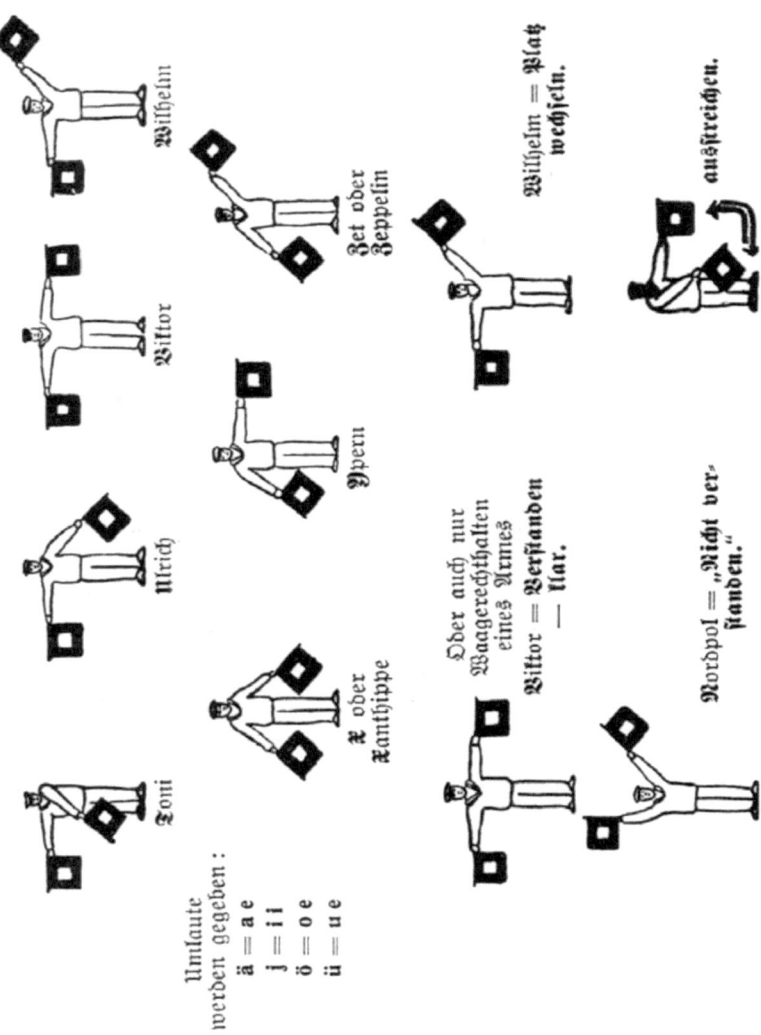

Allgemeines.

Zum Winken bedient man sich zweier Winkflaggen. Als Winkflagge ist die Flagge „Cäsar" (weißes Feld mit rotem Rand) in quadratischer Form (Größe 45×45 cm, weißes Feld 20×20 cm) zu benutzen, die an einem kurzen Stock befestigt ist. Zum Signalisieren können notfalls auch Taschentücher, Mützen oder die Arme allein genommen werden.

Die einzelnen Buchstaben werden durch verschiedene Haltung eines oder beider Arme angezeigt (siehe Signaltafel für Winkersignale).

Ausbildung.

Die Ausbildung beginnt mit der Übung im Geben und Ablesen einzelner Buchstaben.

Dabei ist zuerst das System klarzumachen, nach welchem die einzelnen Winkzeichen aufgestellt sind.

Eine Gruppe mit einem Arm (A—G), sodann vier Gruppen mit zwei Armen (H—N, O—S, T—W, X—Z), wobei der linke Arm stehen bleibt und nur von Gruppe zu Gruppe seine Stellung um 45° gegen den Uhrzeiger verändert.

Bei den praktischen Übungen zum Erlernen der Winkerzeichen muß stets der Geber mit der Front zu den Übenden stehen.

Nach dem Erlernen der einzelnen Buchstaben werden Wörter und schließlich zusammenhängende Sätze gegeben. Die Entfernung zwischen dem Geber und Ableser ist langsam zu steigern und schließlich auch das Ablesen im Gelände und durch das Doppelglas zu üben. Es ist stets darauf zu achten, daß der Geber gut frei steht und sich von seinem Hintergrund klar abhebt.

Bei vorgeschrittener Ausbildung werden Winkgruppen zu vier Mann gebildet, die in Vorleser und Geber sowie Ableser und Aufschreiber eingeteilt werden. Es wird mit vorbereiteten

Winkzetteln gewinkt, wobei zur Leistungsprüfung die Zeit, die zum Ablesen eines Zettels gebraucht wird, abgestoppt wird (siehe S. 29).

Der Winkspruchverkehr.

Anruf. Jeder Winkspruch beginnt mit dem Anruf. Der allgemeine Anruf besteht aus Hin- und Herschwenken der Winkflaggen mit ausgestreckten Armen (aus der Stellung „Kurfürst" in die Stellung „Ludwig" und zurück), um den Empfänger aufmerksam zu machen. Dazwischen erfolgt die Abgabe des für den Empfänger festgesetzten (meist zweistelligen) Morsenamens, um ihn zu bezeichnen.

Verstanden zeigen. Der Empfänger zeigt durch Waagerechthalten beider Arme „verstanden". Zum Ablesen mit dem Doppelglas oder, wenn sich der Signalgast mit einer Hand (z. B. bei Seegang) festhalten muß, wird mit einem Arm „verstanden" gezeigt.

Abgabe. Der Winkspruch wird abgegeben in der Reihenfolge:
   a) Adresse: Absender an Empfänger (Morsenamen), z. B.: N. an N.
   b) Wortlaut des Winkspruchs.
   c) Unterschrift. (Morsename des Absenders des Winkspruchs.)

Der Empfänger zeigt nun verstanden oder sofort den Buchstaben „Nordpol", wenn er nicht verstanden hat.

Nichtverstanden: Beim „Nichtverstanden"-Zeigen wird der Winkspruch wiederholt. Erfolgt das „Nichtverstanden"-Zeigen innerhalb der Abgabe des Spruches, wird nur das letzte und vorletzte Wort noch einmal gegeben.

Beendigung: Nach dem Verstandenzeigen des Winkspruchs gibt der Geber das Beendigungszeichen (Kreisen des ausgestreckten rechten Armes links herum).

Irrungszeichen: Hat der Geber versehentlich ein falsches Zeichen gegeben, zeigt er dieses mit dem Zeichen „Ausstreichen" (siehe Signaltafel) an und wiederholt das angefangene Wort bzw. die angefangene Buchstabengruppe von vorn.

Hilfszeichen.

Zur Abwicklung des Winkspruchverkehrs sind folgende Hilfszeichen notwendig:

- a u = aufschreiben (vom Geber: Empfänger soll aufschreiben!).
- p r = privat (bei privaten Winksprüchen).
- p = Punkt.
- u m = Absatz (bzw. warten, es folgt noch ein Winkspruch).
- w w = Platz wechseln (Zeichen sind undeutlich oder Geber ist schlecht zu sehen, da der Hintergrund ungünstig ist).
- r p = wiederholen.
- a b = wiederholen vor ....
- a a = wiederholen nach ....
- b n = wiederholen von ————— bis
- z r p = Zahlen wiederholen.
- e b = Wartezeichen (ein bißchen warten!).
- w d l = Weitergeben durch die Linie (im Verbande).
- u d = Fragezeichen.

Die Hilfszeichen müssen auswendig gelernt werden, da sie für die schnelle und reibungslose Abwicklung des Signalver besonders wichtig sind.

4. Das Morsen.

Signaltafel für Morsesignale.

Buchstabe	Bezeichnung		Buchstabe	Bezeichnung	
a =	Anton	·—	o =	Otto	— — —
ä =	Ärger	·— ·—	ö =	Öse	— — — ·
b =	Bruno	— · · ·	p =	Paula	· — — ·
c =	Cäsar	— · — ·	q =	Quelle	— — · —
d =	Dora	— · ·	r =	Richard	· — ·
e =	Emil	·	s =	Siegfried	· · ·
f =	Fritz	· · — ·	t =	Toni	—
g =	Gustav	— — ·	u =	Ulrich	· · —
h =	Heinz	· · · ·	ü =	Übel	· · — —
i =	Ida	· ·	v =	Viktor	· · · —
j =	Jot	· — — —	w =	Wilhelm	· — —
k =	Kurfürst	— · —	x =	X oder Xanthippe	— · · —
l =	Ludwig	· — · ·	y =	Ypern	— · — —
m =	Marie	— —	z =	Zet oder Zeppelin	— — · ·
n =	Nordpol	— ·	ch =	Charlotte	— — — —

Gegenüberstellung der Zeichen:

e	·	i	· ·	s	· · ·	h	· · · ·
t	—	m	— —	o	— — —	ch	— — — —
n	— ·	d	— · ·	b	— · · ·		
a	· —	u	· · —	v	· · · —		
g	— — ·	w	· — —				
l	· — · ·	f	· · — ·				
k	— · —	r	· — ·				
p	· — — ·	x	— · · —				
ü	· · — —	z	— — · ·				
ä	· — · —	c	— · — ·				

Zahlen (Aussprache siehe S. 39)

1	· — — — —	6	— · · · ·
2	· · — — —	7	— — · · ·
3	· · · — —	8	— — — · ·
4	· · · · —	9	— — — — ·
5	· · · · ·	0	— — — — —

Merkworte für Morsebuchstaben.

(Die Merkworte sollen das Erlernen der Morsezeichen erleichtern. Der erste Buchstabe des Merkworts entspricht dem jeweiligen Morsebuchstaben, die Zahl der Silben der Zahl der Punkte und Striche desselben; jede Silbe mit einem „o" bedeutet einen Strich, jeder andere Vokal oder Umlaut einen Punkt.)

a	·—	=	Atom
b	—···	=	Bohnenstange
c	—·—·	=	Coburg-Gotha
d	—··	=	Drogerie
e	·	=	Ems
f	··—·	=	Friedrichroda
g	——·	=	Gomorrha
h	····	=	Hipp Hipp Hurra
i	··	=	Ilse
j	·———	=	+ Jawohl-Odol
k	—·—	=	Kommando
l	·—··	=	Leonidas
m	——	=	Motor
n	—·	=	Note
o	———	=	Oporto
p	·——·	=	Peloponnes
q	——·—	=	+ Quolsdorf bei Forst
r	·—·	=	Revolver
s	···	=	Simserim
t	—	=	Ton
u	··—	=	Uniform
v	···—	=	Ventilator
w	·——	=	Windmotor
x	—··—	=	Xox-Biskuitbox
y	—·——	=	+ Yorker Kohlkopf
z	——··	=	Zorndorfer Schlacht
ä	·—·—	=	Aeropilot
ö	———·	=	+ Ölvorkommen
ü	··——	=	Überporto
ch	————	=	Chloroformtopf.

Die mit + bezeichneten Buchstaben sind noch mit dem Wort: jyqö zu merken. In den Morsezeichen dieser Buchstaben rückt der Punkt entsprechend der Stellung des Buchstabens im Merkwort vor:

j = ·———
y = —·——
q = ——·—
ö = ———·

Ablesebaum.

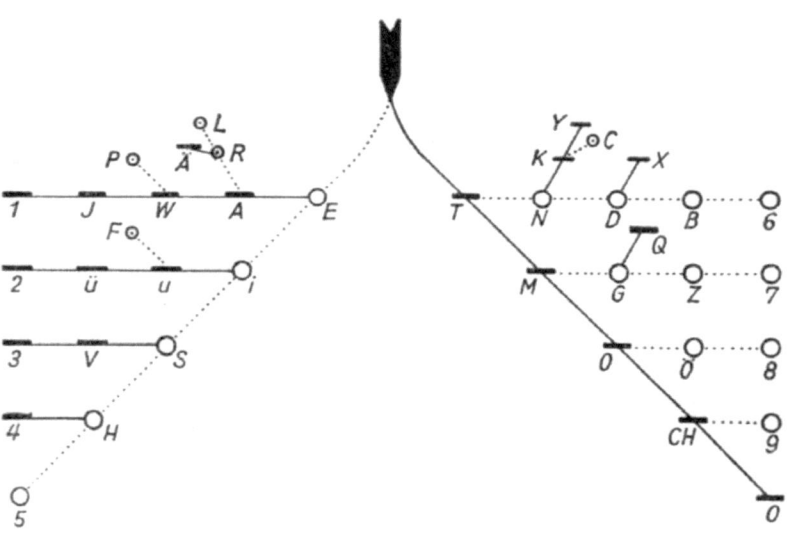

Der Ablesebaum soll die Erlernung der Morsezeichen erleichtern. Der Ableser verfolgt die von einem zweiten Mann als Punkt oder Strich ausgerufenen Zeichen, von der Mitte oben beginnend. Ist das erste Zeichen ein Punkt, so liest er auf der linken Tafelhälfte, bei einem Strich auf der rechten. Folgt ein Punkt, so geht er die punktierte Linie, folgt ein Strich, so geht er die durchzogene Linie weiter. Ist das Zeichen beendet, liest er den Buchstaben von der Stelle ab, bis zu der er gelangt ist.

Man muß sich das vollständige Bild des Ablesebaumes im Kopfe fest einprägen und möglichst bald ohne diesen mit dem Gedächtnis abzulesen versuchen.

Allgemeines.

Beim Morsesignalverkehr werden die Morsezeichen durch kurze (Punkt) und lange (Strich) Blinke mit einer Handmorselaterne, Topplaterne oder einem Scheinwerfer gegeben. Die Zeichen werden dargestellt durch • = Punkt und ▬ = Strich.

Zwischen den Bestandteilen eines Zeichens liegt eine Pause von der Dauer eines Punktes . . . . . . = 1 Maßeinheit.

Zwischen zwei Zeichen liegt eine Pause von der Dauer eines Striches . . = 3 Maßeinheiten.

Zwischen zwei Gruppen (Worten oder Hilfszeichen) liegt eine Pause von der Dauer zweier Striche . . . . = 6 Maßeinheiten.

Ausbildung.

Bei der Ausbildung im Morsen ist langsam und schrittweise in folgender Reihenfolge vorzugehen:

1. Langsames Geben einzelner Buchstaben, um dem Schüler die Unterscheidung von Punkten und Strichen beizubringen; erst Buchstaben mit einem und zwei, dann Buchstaben mit mehr Zeichen.

2. Üben aller Buchstaben. Zur Erleichterung der Unterscheidung die Buchstaben in Reihenfolge ihres Aufbaues gegenüberstellen.

Zuerst: Lange Pausen zwischen den langsam gegebenen Buchstaben.

Dann: Lange Pausen zwischen den schnell gegebenen Buchstaben.

Schließlich: Kurze Pausen zwischen den schnell gegebenen Buchstaben.

Das Ziel der Ausbildung muß sein, daß der Ableser das Morsezeichen nicht mehr nach der Unterscheidung einzelner Punkte und Striche, sondern bildmäßig erfaßt.

3. Nach der Erlernung der einzelnen Zeichen für die Buchstaben, Zahlen und Hilfszeichen ist das sichere und möglichst schnelle Geben und Ablesen erst von Wörtern und schließlich von Sätzen zu üben. Bei vorgeschrittener Ausbildung werden wie beim Winken Gruppen zu vier Mann gebildet, die miteinander üben. (Prüfungszettel im Morsen s. S. 31, Weiterbildung siehe S. 26.)

Der Morsespruchverkehr.

Anruf. Der Morsespruch beginnt mit dem Anruf.

Dieser besteht aus dem wiederholt gegebenen Morsenamen des Angerufenen. Ist der Angerufene nicht bekannt, erfolgt der Anruf mit den Buchstaben „a" „a" „a" = •━ •━ •━

Verstanden zeigen: Der Empfänger zeigt durch:
  a) Einleitungszeichen (dreimal Buchstabe „i") und
  b) seinen Morsenamen verstanden.

Abgabe des Spruchs: Die Abgabe des Morsespruchs erfolgt in der Reihenfolge:
  a) Einleitungszeichen (dreimal „i").
  b) Adresse: Bezeichnung des Abgebers „an" Bezeichnung des Empfängers.
  c) Einleitungszeichen (dreimal „i").
  d) Wortlaut.

Signalbeendigung: Als Schluß wird gegeben:
Punkt (dreimal „i") „a r" = Schluß des Spruchs, oder
                       „u m" = Es folgt noch ein Spruch,
                       „r p" = Spruch ist zu wiederholen,
                       „u d" = Fragezeichen.

Der Empfänger antwortet mit „i i i" und seinem Morsenamen, wenn er den Spruch verstanden hat. Hat er „Nicht verstanden", so gibt er den Buchstaben „t". Im letzteren Fall fordert er durch Hilfszeichen („r p" usw.) die Wiederholung des ganzen Morsespruches oder eines Teils desselben an. Der Geber wiederholt hierauf die nicht verstandenen Teile bzw. den ganzen Morsespruch.

Nicht-Verstanden-Zeichen: Innerhalb eines Spruchs kann durch einen unmittelbar im Anschluß auf ein nicht verstandenes Wort gezeigten langen Blick („t") „nicht verstanden" gezeigt werden. Der lange Blick wird erst gelöscht, wenn der Geber unterbrochen hat und mit der Wiederholung des letzten Wortes beginnt.

Wartezeichen: Kann ein Morsespruch nicht gleich abgenommen oder soll zugunsten eines anderen gewartet werden, so gibt der Empfänger das Wartezeichen („e b"). Der Geber gibt dann seinen Morsenamen und stellt das Anrufen ein.

Aufforderungszeichen: Die Aufforderung zum Geben erfolgt durch das Hilfszeichen „k k".

Irrungszeichen: Macht der Geber einen Fehler, macht er das Irrungszeichen (neun oder mehrere Punkte) und wiederholt vom letzten richtig gegebenen Wort an.

Hilfszeichen.

Für den Morseverkehr gibt es außer den im Winkspruchverkehr vorhandenen Hilfszeichen noch folgende:

i i i = •• •• ••		Einleitung, Punkt u. „Verstanden",
a r = •━━ •━━•		Beendigungszeichen,
i i i = •• •• •• (mit Morsenamen)		Verstanden (mit Morsenamen)
t = ━━		Nicht verstanden,
k k = ━━•━━ ━━•━━		Aufforderung (komm, komm),
•••••••••		Irrungszeichen,
••••• ••••• •••••		Unterbrechung.

Beispiel für einen Morsespruch.
(„Albatros" gibt an „Seeadler" einen Spruch ab.)

Zeichen des Anrufenden „a t"	Zeichen des Angerufenen „s e"	Bedeutung
•••• •••• = „se" „se" „se"		
•• •• = (3 mal „i")	•• •• = (3 mal „i")	Morsenamen für Schiff „Seeadler".
•—• = „k"	••• = „se"	Verstanden. „Seeadler". Einleitungszeichen.
•— —• = „a n"		Kommandant an.
•—• = „k"		Kommandant.
•• •• = (3 mal „i")		Einleitungszeichen.
Spruchabgabe:		
z. B. „Ich antere jetzt"		Spruchabgabe.
•• •• = (3 mal „i")		Punkt.
•— •—• = „a r"	•••• •• = „i i i"	Beendigungszeichen. „Verstanden".
	••• = „s e"	Morsenamen für Schiff „Seeadler".

5. Anleitung für die Weiterbildung im Winken und Morsen.

(Als Anhalt.)

Ziel.

Hauptwert ist auf die Sicherheit des Wink- und Morseverkehrs zu legen.

Hierbei ist das Aufschreiben von Wink- und Morsesprüchen systematisch zu üben.

Erraten von Wörtern aus dem Zusammenhang, ungenaue Weitergabe und Meldung sind die häufigsten Fehler im Wink- und Morseverkehr.

Die Fertigkeit im schnellen Ablesen kommt in zweiter Linie.

Deutliches Geben ist Vorbedingung für richtiges Ablesen. Beim Winken und Morsen dürfen die Zeichen nicht allmählich ineinander übergehen; alle Zeichen müssen scharf abgegrenzt sein. Die Arme müssen beim Winken wie bei Freiübungen scharf und schnell in die neue Stellung gebracht werden.

Beim Morsen ist auf genaues Einrichten und Einhalten der Zeiten für Blicke und Pausen Wert zu legen.

Übungsmethode.

Die Übungen sind möglichst auf große Entfernungen abzuhalten. Alle Signale werden aufgeschrieben, um die Signalgäste gleichzeitig im Schreiben zu üben. Für Abwechslung in der Anlage der Übungen muß gesorgt werden, damit das Interesse rege gehalten wird. Jeder Spruch wird durch Vergleichen der Tafeln des Aufschreibers mit der des Gebers oder durch Wiederholung des Empfängers auf genaue Richtigkeit geprüft.

Morseübungen müssen so angelegt werden, daß der Empfänger die Handbewegungen des Gebers nicht sehen und das Klappern der Lampen beim Geben möglichst nicht hören kann. Regelmäßige Übungen bei Dunkelheit sind unerläßlich.

Im allgemeinen müssen die Empfänger eine zweite Lampe haben, um „Nicht verstanden" zeigen zu können, da sie sich sonst das Raten angewöhnen. Doch kann gelegentlich auch gemeinsames Ablesen nach einer Lampe geübt werden, ohne daß „Nicht verstanden" gezeigt wird.

Es ist eine gute Übung, wenn Zahlen und Buchstaben durcheinander gegeben werden.

Erfahrungsgemäß werden folgende Zeichen leicht verwechselt:

„s" — „h" — „5"
„d" und „b" — „b" und „6"
„u" und „v" — „v" und „4."

Die nachfolgenden Übungen werden besonders für unausgebildetes oder ungeübtes Personal verwendet. Dazwischen wird von Zeit zu Zeit der erzielte Fortschritt durch Prüfung nach den in Abschnitt 6 niedergelegten Bestimmungen festgestellt.

Bei ausgebildetem Personal werden Übungszettel nach Art der Prüfungszettel verwendet.

I. Übung.
(Wortreihe.)

Als erste Übung werden Reihen von 3, 4 und 5 zwei-, drei-, vier-, fünf- und mehrbuchstabigen Worten unter allmählicher Steigerung der Wortzahl und Länge sowie Schnelligkeit gegeben. Nach der Wortreihe wird die Zahl der Worte gegeben.

Beispiel:

an	Hand	Mantel	3		
ab	Dolch	Dolle	Schiffe	4	
so	Sitz	Riemen	Stiefel	Standarte	5
au	Kurs	Segel	Dampfer	Heulboje	5
wo	Boot	Flagge	Kreuzer	Sturmbann	5

Vom Abnehmer muß verlangt und erreicht werden, daß er jedes Wort, unmittelbar nachdem es beendet ist, verstanden hat. Er darf sich nicht auf die gegebenen Zeichen zurückbesinnen wollen und raten. Hat er das Wort mit dem Geben des letzten Buchstabens nicht erfaßt, so muß „Nicht verstanden" gezeigt und das Wort wiederholt werden.

Ehe dieses Ergebnis nicht erreicht ist, wird nicht weitergegangen.

II. Übung.
(Sätze.)

Es werden Sätze bis zu 15 Wörtern gegeben. In jedem Satz werden ein oder zwei beliebige, nicht in den Zusammenhang passende Wörter gesetzt, um das Erraten des Satzes zu verhindern und das Personal zu erziehen, Wort für Wort für sich zu erfassen. Zum Schluß Wortzahl.

Auch Gedächtnisübungen müssen abgehalten werden. Es muß von jedem Mann des Signalpersonals verlangt werden, daß er zusammenhängende Sätze von wenigstens 10 Wörtern im Kopf behalten und fließend wiedergeben kann.

III. Übung.
(Mehrere Sätze.)

Es werden längere, aus mehreren Sätzen (40—50 Wörtern) bestehende Befehle oder Mitteilungen mit Abkürzungen, Zahlen, Kompaßstrichen usw. gegeben, wobei der Telegrammstil zu üben ist. Zum Schluß Wortzahl.

6. Bestimmungen für Signalprüfungen.

Nur bei genauer Beachtung der nachstehenden Bestimmungen kann der Lehrer die Leistungen der Schüler einwandfrei feststellen.

Prüfungen im Winken und Morsen werden nach folgenden Bestimmungen abgehalten:

a) Die Prüfung umfaßt zwei Teile, das Winken und das Morsen.

b) Der Prüfungsstoff beider Teile besteht aus Prüfungszetteln.

c) Zu jeder Leistungsprüfung sind für jeden Prüfungsteil je fünf verschiedene Prüfungszettel abzunehmen. Für die Leistungsprüfung ist aus dem Ergebnis der je fünf Prüfungszettel der Durchschnitt, getrennt für Winken und Morsen, zu errechnen.

d) Beim Winken zählen ä, ö, ü, ch als zwei, j als ein Buchstabe.

e) Das Gebematerial ist sorgfältig zusammenzustellen und bis zu seiner Verwendung unter Verschluß zu halten.

f) Dem Prüfling sind beim Morsen ein, beim Winken zwei Aufschreiber beizugeben, die schnell und sicher schreiben können und mit dem Rücken gegen den Geber aufgestellt werden. Auf gut leserliches und übersichtliches Aufschreiben ist besonderer Wert zu legen. Die Prüfungszettel dürfen weder dem Aufschreiber noch dem Prüfling bekannt sein.

g) Nach Beendigung jedes Prüfungszettels dürfen Prüfling und Aufschreiber das Abgelesene zusammen durchlesen und Verbesserungen eintragen.

h) Der Abstand des Gebers vom Prüfling soll beim Winken und Morsen möglichst 60 m betragen.

i) Die Prüfungen im Morsen dürfen nur bei Dunkelheit oder in verdunkelten Räumen stattfinden.

k) Die Leistungsprüfungen sind in gewissen Zeitabschnitten je nach Art des Lehrgangs abzuhalten, die Ergebnisse sind in ein Signalzeugnisbuch einzutragen.

I. Winken.

Jeder Prüfungszettel enthält 150 Buchstaben. Davon sind 100 Buchstaben „10 zehnstellige gewöhnliche Wörter" der deutschen Sprache, die übrigen 50 Buchstaben sind in „5 zehnstellige Buchstabengruppen" zusammengefaßt. Es wechseln jedesmal zwei Wörter mit einer Buchstabengruppe ab.

Beispiel für Prüfungszettel im Winken.

Kuratorium	Ankerkette
Hindenburg	verrostete
f s d m l q b k n e	m d p a g b s f t v

Backschaft
Suchleinen

p f i n d x l v u h

Finderlohn

．．．．．．．．．．．．．

c d e h n z x s w m

Die Auswertung erfolgt folgendermaßen:

Jeder falsche, fehlende oder zuviel aufgeschriebene Buchstabe = minus 3 Punkte.

Jede 5 Sekunden mehr oder weniger als die festgesetzte Grundzeit = minus oder plus 1 Punkt.

Als Grundsatz für jeden Prüfungszettel sind 100 Sekunden festgesetzt.

Z. B.: Zeit 85 Sekunden = + 3 Punkte
Fehler 2 . . . . = — 6 Punkte

Ergebnis . . . . — 3 Punkte.

Die Leistung wird wie folgt bewertet:

vorzüglich:	sehr gut:	gut:
über — 2	— 2 bis — 7,5	— 7,6 bis —14,5
ziemlich gut:	genügend:	ungenügend:
— 14,6 bis — 22,5	— 22,6 bis — 30	unter — 30.

II. Morsen.

Für die Leistungsprüfung im Morsen gelten folgende Bestimmungen:

Die Prüfungszettel sind in derselben Weise wie die für das Winken aufgestellt, enthalten aber in den fünf Buchstabengruppen je eine Zahl. Die Auswertung erfolgt nach denselben Grundsätzen wie für das Winken. Als Grundzeit gelten für das Morsen 200 Sekunden.

Beispiel für Prüfungszettel im Morsen.

Lokomotive
Fahrtstufe

h d m 4 f e q l i n

Laufplanke
Telegrafie

v f p r s ch 7 g w m

veränderte
Auskunftei

b 2 a m y c o h s k

Wehrsports
ertüchtigen

f z k m u n y 6 i v

verlorenen
vernebelte

t 9 r l g f ü k d u.

Die Leistung wird wie folgt bewertet:

vorzüglich: sehr gut: gut:
über — 4   — 4 bis — 14,5   — 14,6 bis — 29,5

ziemlich gut: genügend: ungenügend:
— 29,6 bis — 42,5   — 42,6 bis — 50   unter — 50.

Der Gesamtdurchschnitt der Leistungsprüfung im Signaldienst wird dadurch errechnet, daß die Durchschnitte im Winken und Morsen addiert und durch zwei dividiert werden.

Zum Beispiel:

Durchschnitt im Winken: — 9, — 4, + 1, — 8, + 2 = — 18
— 18 : 5 = — 3,6 = sehr gut.
Durchschnitt im Morsen: — 5, — 6, + 1, — 7, + 3 = — 14
— 14 : 5 = — 2,8 = vorzüglich.
(— 3,6) + (— 2,8) = — 6,4 : 2 = — 3,2.

Der Gesamtdurchschnitt wird nur nach Punktzahlen gewertet.

7. Signalverfahren für das Signalisieren im Verband.

I. Flaggensignale. Die einzelnen Flaggen und Wimpel, die ein Signal bilden, werden mit Flaggleinen an gut sichtbarer Stelle geheißt und von oben nach unten abgelesen.

Sie dienen zur Befehlserteilung im optischen Signalverkehr beim Fahren im Verband.

Das Flaggensignal wird von dem Führerschiff geheißt und von allen Signalstellen des Verbandes wiederholt. Es bleibt so lange wehen, bis es von allen Stellen richtig wiederholt ist. Das Niederholen des Signals bedeutet den Befehl zur Ausführung des Signalbefehls. Einzelne Flaggen, die als Abzeichen dienen, werden nicht beantwortet.

Wird zu einem Signal eine Adresse — Adresse nennt man eine Nummer, die jedes Boot des Verbandes an Stelle des Morsenamens erhält (Zahlenwimpel) — geheißt, so gilt die Ausführung des gegebenen Befehls nur für das angerufene Fahrzeug.

Ein versehentlich falsch gegebenes oder wiederholtes Signal wird mit der daneben geheißten Flagge „U" (Unsinn) niedergeholt und danach richtig geheißt.

II. Morsesignale werden als akustische Signale mit der Batteriepfeife oder als optische Signale mit Scheinwerfer oder Handmorselampe gegeben. Sie dienen auf dem allein fahrenden Fahrzeug als Manöversignal, beim Fahren im Verbande zur Befehlserteilung für den Führer. Im letzteren Fall wird nach Wiederholung der durch sie gegebene Befehl sofort ausgeführt.

8. Formationstafel.
(Zugrunde gelegt ist ein Verband von 4 Fahrzeugen.)

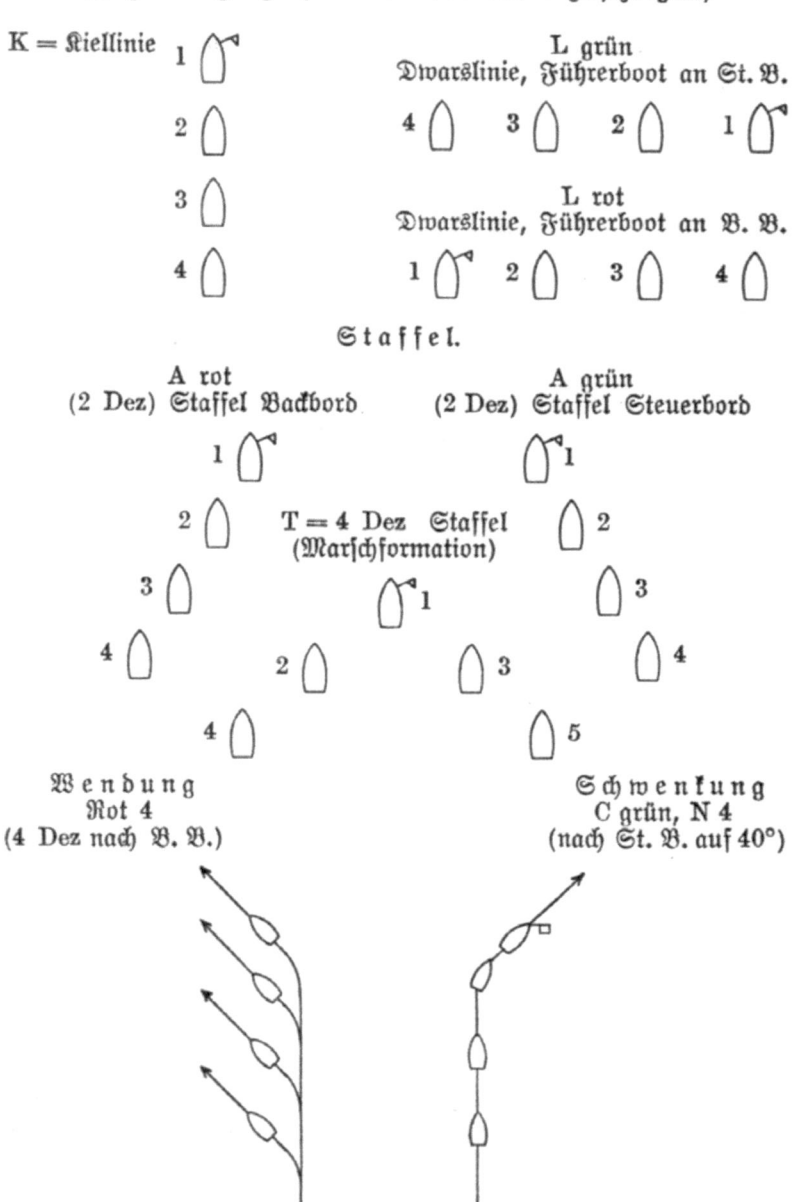

9. Fahrt- und Kurssignale.

I. Fahrtsignale.

k f = Kleine Fahrt
l f = Langsame Fahrt
h f = Halbe Fahrt
g f = Große Fahrt
a f = Alle Fahrt
a k = Äußerste Kraft
} Mit der Batteriepfeife: Morsezeichen den Buchstaben entsprechend.

voraus.

z l = Langsame Fahrt
z h = Halbe Fahrt
z ä = Äußerste Kraft
} zurück.

s t = Stopp!
h = Halt! Durch äußerste Kraft zurück das Schiff zum Stehen bringen.

II. Kurssignale.

N 0 = Kurs 0 Grad   O 0 = Kurs 90 Grad
N 1 = Kurs 10 Grad   O 1 = Kurs 100 Grad
N 2 = Kurs 20 Grad   O 2 = Kurs 110 Grad
N 3 = Kurs 30 Grad   O 3 = Kurs 120 Grad
N 4 = Kurs 40 Grad   O 4 = Kurs 130 Grad
N 5 = Kurs 50 Grad   O 5 = Kurs 140 Grad
N 6 = Kurs 60 Grad   O 6 = Kurs 150 Grad
N 7 = Kurs 70 Grad   O 7 = Kurs 160 Grad
N 8 = Kurs 80 Grad   O 8 = Kurs 170 Grad

S 0 = Kurs 180 Grad   W 0 = Kurs 270 Grad
S 1 = Kurs 190 Grad   W 1 = Kurs 280 Grad
S 2 = Kurs 200 Grad   W 2 = Kurs 290 Grad
S 3 = Kurs 210 Grad   W 3 = Kurs 300 Grad
S 4 = Kurs 220 Grad   W 4 = Kurs 310 Grad
S 5 = Kurs 230 Grad   W 5 = Kurs 320 Grad
S 6 = Kurs 240 Grad   W 6 = Kurs 330 Grad
S 7 = Kurs 250 Grad   W 7 = Kurs 340 Grad
S 8 = Kurs 260 Grad   W 8 = Kurs 350 Grad.

Anmerkung: Einergrade werden durch Zahlenwimpel ausgedrückt die über der Flagge, die die Hauptrichtung bezeichnet, gesetzt werden. Z. B.: 5 O 3 = 125 Grad,
              5 S 4 = 223 Grad.

10. Formations-, Wendungs- und Schwenkungssignale.

Flaggen	Batteriepfeife	Bedeutung

Formationssignale.

K	━━ • ━━	Kiellinie
L	• ━━ • •	Dwarslinie
L Grün	⚡	⚡ , Führerboot an St. B.
L Rot	⚡	⚡ , Führerboot an B. B.
A Grün		2 Dez Staffel St. B.
A Rot		2 Dez Staffel B. B.
	━━ • ━━ • ━━	Staffel St. B.
	━━ • • ━━ • • ━━	Staffel B. B.
T		4 Dez Staffel (Marschformation).

Wendungssignale.

Grün Wpl. 1	• • • • •	Wendung um 1 Dez*) nach St. B.
Grün Wpl. 2	• • • • •	Wendung um 2 Dez nach St. B.
usw.		usw.
Grün 9	• • • • •	Wendung 90 Grad nach St. B.
Rot Wpl. 1	• • • • • • • •	Um 1 Dez nach B. B.
Rot Wpl. 2	• • • • • • • •	Um 2 Dez nach B. B.
usw.		usw.
Rot 9	• • • • • • • •	Wendung 90 Grad nach B. B.
Grün	• • • • •	Wendung nach St. B. bis zur Wiederherstellung der Kiellinie in entgegengesetzter Richtung.
Rot	• • • • • • • •	Wendung nach B. B. bis zur Wiederherstellung der Kiellinie in entgegengesetzter Richtung.

Schwenkungssignale.

C Grün		Schwenkung nach St. B. nach Vorgang Führerboot.
C Rot		Schwenkung nach B. B. nach Vorgang Führerboot.
Z Wimpel 0		Dem Führer folgen.

*) Es wird nicht mehr nach Strich (= 11,25 Grad), sondern nach „Dez" (= 10 Grad) gerechnet.

11. Manöversignale und Abzeichen.

Flaggen	Batteriepfeife	Bedeutung
	Manöversignale.	
A vor	▬ •	An- und Ablegen an St. B.
A vor	▬ • •	An- und Ablegen an B. B.
A nieder	• •	Leinen sind fest, klar Deck.
A vor	• ▬ • ▬ • ▬	Klar zum Ankern.
A nieder	▬ ▬	Fallen Anker.
A vor	▬	Klar zum Ankerlichten.
A nieder	• •	Anker ist aus dem Wasser, klar Anker.
Grün bzw. Rot daneben	• • • • • • • • • • • • •	Ankerwendung nach St. B., bzw. B. B. bei Niedergehen grün bzw. rot wird Wendung ausgeführt.
B		Alle Boote eine Boje werfen und wieder fischen.
Ä halb		Vorbereitung für befohlene Manöver.
Ä vor		Bin klar zum befohlenen Manöver.
Ä nieder		Ausführung des befohlenen Manövers.
E		Entlassen.
A U		Ausrichten.
N F		Nicht folgen.
S Q		Sammeln auf das Führerboot.
J		Die ungeraden Nummern die geraden in Schlepp nehmen.
Q		Die geraden Nummern die ungeraden in Schlepp nehmen.
Wpl. 0 auf und nieder	▬ ▬	Mann bzw. Boje über Bord.
Wpl. 0 J	• •	Mann ist gerettet bzw. Boje ist gefischt.
	Abzeichen.	
P		Alle Mann an Bord, Schiff geht in See.
Wpl. 8		Wachschiff (nur im Hafen).

Besondere Anweisungen.

Uhrzeiten. Werden gegeben durch „U" mit Zahlen (= Stunden und „U" mit Zahlen (= Minuten)

z. B. 0915 Uhr = U 09
 U 15

12. Signale für Kurs- und Fahrtänderungen bei Fahrten im Verband.

Allgemeines: Kurs- und Fahrtänderungen im Verband können außer durch Heißen der Flaggensignale durch die Fahrtänderungsflagge (gelbe Flagge am Stock) bzw. grüne und rote Wendeflaggen am Stock befohlen und angezeigt werden.

Fahrtänderungen, Stoppen und Rückwärtsgang sowie Ruderlage werden folgendermaßen angezeigt:

Bild	Bedeutung	Ausführung
	Ich vermehre Fahrt	3 Sekunden lang schnell nach oben gewedelt. (Für jede Fahrtstufe einmal.)
	Ich vermindere Fahrt	5 Sekunden lang senkrecht nach oben still gehalten. (Für jede Fahrtstufe einmal.)
	Ich habe gestoppt	5 Sekunden lang senkrecht nach unten still gehalten.
	Ich gehe zurück	3 Sekunden lang schnell nach unten gewedelt.
	Ruder liegt Steuerbord (Fahrzeug dreht St. B.)	Ruhiges Wedeln in 8-Form, solange das Ruder liegt bzw. die Wendung dauert. (Die Flaggen werden bei Schwenkungen nicht bedient.)
	Ruder liegt Backbord (Fahrzeug dreht B. B.)	

13. Signalbefehle mit den Flaggen am Stock.

Dieselben Signale können auch als Signalbefehl zur Ausführung einer Fahrtänderung oder Wendung vom Führer gegeben werden. Das erkannte Signal wird von den Hinter- bzw. Nebenleuten wiederholt und sofort ausgeführt. Beim Befehl zum Wenden wird so lange Ruder gelegt, wie der Signalgeber mit der Wendeflagge wedelt.

Die Fahrt- und Wendeflaggen werden von besonderen Posten bedient. Sie haben jeden Befehl zum Bedienen der Flaggen zu wiederholen und die Ausführung zu melden. Z. B.:

Befehl: Fahrtvermehrung anzeigen.

Meldung: Fahrtvermehrung wird angezeigt und Hintermann hat verstanden.

oder Befehl: Rot wedeln.

Meldung: Rot wird gewedelt usw. und Hintermann wedelt rot.

14. Signalgebung bei Nacht.

Bei Nacht werden Fahrt- und Rudersignale als Morsezeichen mit der Batteriepfeife oder mit einer Handmorselampe gegeben.

Es bedeuten:

• • • • • • • • • Kurze Pfiffe oder Blicke in schneller Reihenfolge = Fahrt vermehren.

━━ ━━ ━━ Lange Pfiffe oder Blicke = Fahrt vermindern.

• • • • • Kurze Einzelpfiffe mit größerem Abstand = drehe nach Steuerbord.

• • • • • • Kurze Doppelpfiffe mit größerem Abstand = drehe nach Backbord.

Wendungen werden durch kurze rote bzw. grüne Blicke angezeigt (Wendelaternen).

15. Befehlsübermittlung.

Für jede Befehlsübermittlung, besonders durch Sprachrohr und Telefon, ist eine laute und deutliche Aussprache und kurze, aber klare Ausdrucksweise erforderlich. Die Worte müssen getrennt und richtig betont werden. Es dürfen weder ganze Silben noch einzelne Buchstaben verschluckt werden. Dialektaussprache ist zu vermeiden.

Jede Frage ist mit dem Wort: „Frage", jeder Befehl mit dem Wort: „Befehl" einzuleiten.

Nach Möglichkeit ist bei der Weiterleitung anzugeben, von wem und an wen die Frage bzw. der Befehl gerichtet ist.

Ferngespräche. Zur Einleitung eines Ferngesprächs sind nach Herstellung der Verbindung zunächst die Namen der abgebenden und empfangenden Stelle auszutauschen.

Jeder durchgegebene Fernspruch ist mit Anschrift des Empfängers, Datum und Uhrzeit (vierstellige Zahl aus Stunden und Minuten, z. B. 1405 = 14 Uhr und 5 Minuten) vor dem Spruch und Unterschrift des Abgebers am Schluß zu geben. War der Spruch niedergeschrieben, ist nach Abgabe der Namen des empfangenden und der des abgebenden Fernsprechpostens zu vermerken.

Zahlen sind wie folgt auszusprechen:

1 = einss	6 = sechs	0 = nuhl
2 = zwoh	7 = siebän	11 = elef
3 = drrei	8 = acht	12 = zwozehn
4 = fieärr	9 = neun	21 = einsundzwanzig
5 = füneff		45 = füneffundfieärrzig
links = liinks	rechts = arechts	usw.

Bei Prüfungen wird folgende Leistung gefordert:

1. Befehlsübermittlung. Abgeben eines mündlich aufgetragenen Fernspruchs von 10 Wörtern einschließlich zweier seemännischer Ausdrücke, Schiffs- und Ortsnamen unter Be-

achtung richtigen Anrufes und richtiger Beendigung (Namensaustausch von Abgeber und Empfänger).

2. **Fernsprechen** (fernmündliche Durchgabe von Befehlen, Meldungen und Berichten) unter Beachtung richtiger Einleitung des Gesprächs und deutlicher Aussprache bei der Durchgabe.

16. Adressen.

Wimpel 1   Taktische Nr. 1 des Verbandes
Wimpel 2   Taktische Nr. 2 des Verbandes
usw.

Morsenamen.
(Mit Blei einzutragen.)

Morsenamen	Bedeutung

17. Kladdenführung.

Alle Signale, sowie Wink-, Morse- und Fernsprüche sind in Signalkladden mit folgenden Mustern einzutragen:

1. Signalkladde für Flaggensignale.

Datum	Uhrzeit	Von	An	Signalart	Signalzeichen	Bedeutung des Signals	Bemerkungen
1	2	3	4	5	6	7	8

Erläuterungen. Es sind einzutragen:

In Spalte 1 der Signalkladde Tag und Monat, z. B. 12. 2. 34.
In Spalte 2 die Uhrzeit des Signalempfangs.
In Spalte 3 und 4 die Adressen in arabischen Zahlen bzw. die Morsenamen.
In Spalte 6 die Signalzeichen.
In Spalte 7 die Bedeutung des Signals (deutliche Schrift!).
In Spalte 8 Bemerkungen, Unregelmäßigkeiten, besondere Beobachtungen usw.

2. Kladde für Wink-, Morse-, Fern- und Sprachrohrsprüche.

Ankunft		Monat............ Tag....	Ab (Weitergabe)	
Zeit	von		Zeit	an
1	2	3	4	5

Die Führung dieser Kladde erfolgt entsprechend der Führung der Signalkladde, nur ist in Spalte 3 vor dem Wortlaut das benutzte Signalmittel einzutragen.

Alle Eintragungen werden sofort gemacht. Nachträgliche Eintragungen von Signalen, Verbesserungen usw. sind unstatthaft. Fehler, Wiederholungen usw. müssen aus der Kladde ersichtlich sein.

18. Übersicht über die Flaggen und Wimpel des Internationalen Signalbuches 1931.

Flaggen des Internationalen Signalbuches.

Zahlenwimpel.

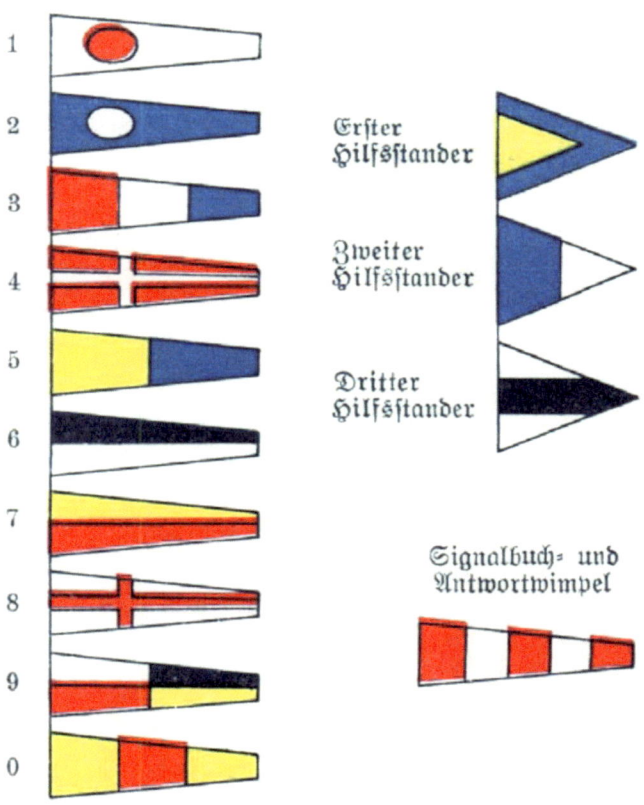